KU-018-025

CABALLEROS

ESTE BAÑO ES
PARA USO EXCLUSIVO
DE NUESTROS CLIENTES

LADIES & GENTLEMEN

DAMAS

ESTE BAÑO ES PARA USO EXCLUSIVO DE NUESTROS CLIENTES

FÉRFI MOSDÓ

NŐI
MOSDÓ

H

DAMES

MESSIEURS

FEMEI

BĂRBAȚI

FÉRFIAK

Women

Men

FEMEI

DAMEN

Herren

महिला शौचालय LADIES TOILET

Lelaki
GENTS

女界
LADIES

LADIES

男界
GENTLEMEN
GENTS

dames

toilet

heren
toilet

NEM 00

R4-F

NO SMOKING

WOMEN

NO SMOKING

MEN

· SEÑORAS ·

·CABALLEROS·

Señoras

LADIES

toilettes

femmes

toilettes

hommes

W.C.
SENHORAS

W.C.
HOMENS

MEN

Vesti ed ornamenti delle donne SINGALESI

Mandarino di Suess

Dames/Ladies

Heren/Gentlemen

Dames

Heren

Dones

Homes

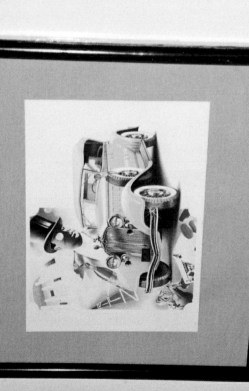

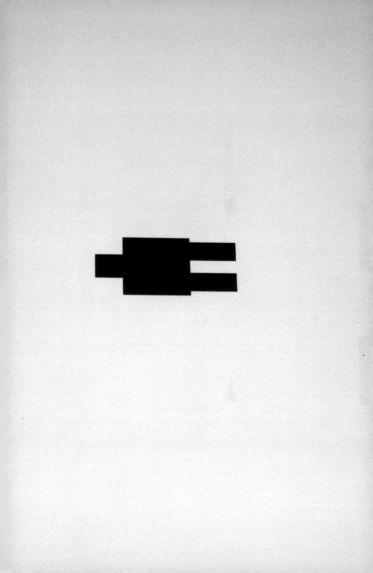

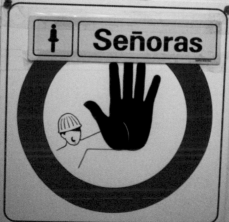

Señoras

PROHIBIDO EL PASO
A TODA PERSONA
AJENA A LA EMPRESA

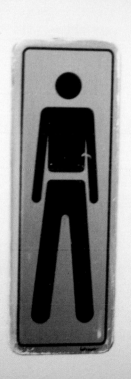

LADIES

पुरुष
GENTS

dames

Nők
Ladies

1.71

Férfiak
Gentlemen

1.96

Men

DAMES

HEREN

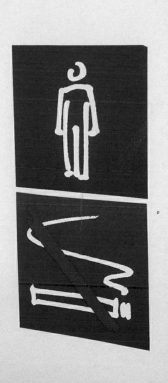

टॉयलेट महिलाएं
Ladies Toilet

पुरुष प्रसाधन

GENTS TOILET

ΓΥΝΑΙΚΟΝ

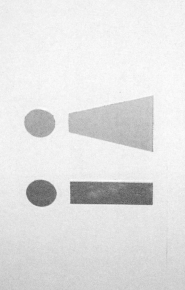

Only For Passengers

केवल यात्रियों के लिये

SERVICIOS-TOILETS
PULSAR EL BOTON
PUSH THE BOTTON

Durante los últimos años he ido
fotografiando imágenes que representan
e identifican espacios públicos como acceso
que se vuelven privados por su uso y función.
Símbolos específicos que se transforman en
genéricos y que remiten de una forma básica
a una división de género establecida
universalmente.

During the last few years I have been
photographing images which depict and
identify public spaces as a means of access
which, given their use and function,
go back to being private. Particular symbols
that are transformed into gender ones and
which basically refer to a universally
accepted gender division.

Edita | Published by
ACTAR

Diseño gráfico | Graphic design
Ramon Prat
Leandre Linares

Producción | Production
Font i Prat Ass.

Impresión | Printing
Ingoprint SA

Distribución | Distribution
ACTAR
Roca i Batlle 2, 08023 Barcelona
Tel. +34 93 418 77 59
Fax. +34 93 418 67 07
info@actar-mail.com
www.actar.es

Deposito Legal 14287
ISBN 84-95273-79-9